BEI GRIN MACHT SICH IHR WISSEN BEZAHLT

- Wir veröffentlichen Ihre Hausarbeit,
  Bachelor- und Masterarbeit

- Ihr eigenes eBook und Buch -
  weltweit in allen wichtigen Shops

- Verdienen Sie an jedem Verkauf

**Jetzt bei www.GRIN.com hochladen
und kostenlos publizieren**

Die Rolle der Frau in der NS-Zeit

Elisa Deppert

Bibliografische Information der Deutschen Nationalbibliothek:

Die Deutsche Nationalbibliothek verzeichnet diese Publikation in der Deutschen Nationalbibliografie; detaillierte bibliografische Daten sind im Internet über http://dnb.d-nb.de abrufbar.

ISBN: 9783389023419
Dieses Buch ist auch als E-Book erhältlich.

© GRIN Publishing GmbH
Trappentreustraße 1
80339 München

Druck und Bindung: Books on Demand GmbH, Norderstedt Germany
Gedruckt auf säurefreiem Papier aus verantwortungsvollen Quellen

Das Buch bei GRIN: https://www.grin.com/document/1472139

PROJEKTARBEIT/DOKUMENTATION

Die Rolle der Frau im Nationalsozialismus

vorgelegt von

Elisa Deppert

Kaufmännische Schule Göppingen

Schuljahr: 2022/2023

Inhalt

1. Die Sicht der NSDAP auf die Frau

Das Frauenbild, welches unter den Nazis galt, war nicht einheitlich gültig. Es wurde nie genau formuliert wie sie mit der „Frauenfrage" umgehen, somit hatte die Partei eine Flexibilität den Frauen gegenüber. Das Frauenbild war trotz Allem hauptsächlich patriarchalisch geprägt. Die Frau sollte die Rolle der Hausfrau und Mutter einnehmen und sich dem Mann unterordnen.[1]

Die Verdrängung der Frau aus der Gewerbetätigkeit war erwünscht. Vor Allem nach der Hochzeit, denn da sollte die Frau sich vermehrt auf die Familie konzentrieren. Hauptsächlich auf das Gebären von Kindern und deren Erziehung. Die Nazis machten zudem die Ehe attraktiver. Man konnte ein „Heiratsdarlehen" aufnehmen welches man zum Beispiel für den Kauf eines Hauses verwenden konnte.[2] Zudem wurde das Darlehen mit einem „Kinderbonus" versehen. Pro Kind musste die Familie 25% weniger zurückzahlen. Damit wollte das Regime eine höhere Geburtenrate herbeiführen.

Frauen waren dazu da, junge Nazis zu erziehen. Sie waren die „Blüte der Nation" und somit lag die Zukunft des Deutschen Volkes auf den Schultern der Frauen.

Das Regime gründete den „Bund deutscher Mädel" in welchem junge Frauen körperlich und ideologisch auf die Ideologien des NS-Regimes getriezt wurden. Der Höhepunkt des Jahres war eine Winterfreizeit im Hochgebirge. Es gab noch zwei weitere Organisationen für junge Frauen in denen vor Allem wert auf körperliche Ertüchtigung und Disziplin gelegt wurde.[3] Frauen sollten sich trotz allem „gegen eine feindliche Welt zur Wehr setzten können".[4]

Durch eine starke Propaganda, welche verschiedenste Sprüche enthielt, wurden Frauen darauf hingewiesen, dass sie sich nicht schminken, nicht rauchen und ebenfalls nicht arbeiten sollten. Diese Aussagen sollten an die Moral der Frauen appellieren. Das Regime wollte somit in das Leben der Frauen eingreifen, jedoch klappte dies nur bedingt bis gar nicht.

---

[1] Christiane Bernd; Frauenbild und Frauenkleidung im Nationalsozialismus; 2002

[2] Hitlers Reich privat: Frauen unterm Hakenkreuz; ZDF; 2020

[3] Ebenda

[4] Vgl. Heike Görtemarker; Hitlers Reich privat: Frauen unterm Hakenkreuz; 2020

In einigen privaten Aufnahmen sah man wie Frauen tranken, ab und an rauchten und wie sie sich schminkten. Sie verloren mit ein bisschen Alkohol die letzten Hemmungen und feierten ausgelassen mit den Männern. [5] Jedoch durfte dies nicht an die Öffentlichkeit kommen, denn für andere Personen sollte die Frau perfekt wirken. So wie es sich Parteifunktionäre vorstellten.

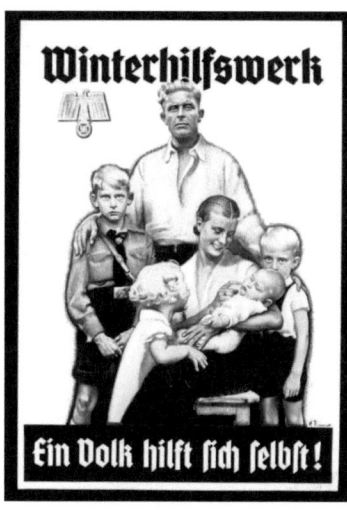

Abb. 1: Propagandaplakat vom Winterhilfswerk, 1938[6]

Funktionäre der NSDAP äußerten sich öffentlich dazu, dass die Frau die „Trägerin von Blut und Rasse" sei und die „Hüterin von Kraft und der ewigen Nation". Es war wichtig, dass die Frau der „arischen Rasse" angehörte um die „arische Rasse" weiter zu vergrößern. Das damalige Bild kann als antifeministisch bezeichnen werden.[7]

Politisch war es Frauen nicht möglich Kariere zu machen. Nach einer Reform durften sie in der NSDAP keine führende Rolle einnehmen und ebenfalls nicht für Ämter oder

---

[5] Hitlers Reich privat: Frauen unterm Hakenkreuz; ZDF; 2020

[6] Plakat des Winterhilfswerkes; 1938; Online unter: https://www.dhm.de/fileadmin/medien/lemo/images/99001927_1.jpg

[7] Frauen im Nationalsozialismus; Study Smarter

Mandate kandidieren. Durch die Zerschlagung und Selbstauflösung vieler weitere Parteien, war die NSDAP nach außen hin die einzige Partei. Somit wurde Frauen das passive Wahlrecht entzogen.

Frauen wurde es außerdem verwehrt in die SA, SS oder DAF einzutreten. Die einzigen Mitgliedschaften die erlaubt waren, waren die im Bund deutscher Mädel, der NS-Frauenschaft und dem Deutschen Frauenwerk.[8]

2. Hitlers Sicht auf die Frau

Hitler hatte ein kompliziertes Verhältnis zu Frauen. Er selbst hatte über Jahre hinweg eine geheime Geliebte, welche er einen Tag vor dem gemeinsamen Suizid noch heiratete. Hitler wurde von seinen Mitmenschen als Einzelkämpfer beschrieben, jemand der das Volk allein „retten" konnte. Ein Mann der keine Frau brauchte. Ein Mann ohne Fehler, einer der gesund und kräftig war. [9]

Abb. 2: Adolf Hinter und Eva Braun auf dem Obersalzberg[10]

---

[8] Frauen im Nationalsozialismus; Study Smarter

[9] Nadine Gerber; Eva Braun war mehr als nur Hitler geliebte; 2020

[10] Privates Foto; Online unter: https://img.welt.de/img/geschichte/zweiter-weltkrieg/mobile144542587/0642507787-ci102l-w1024/Hitler-und-Eva-Braun-Foto.jpg

"Ich glaube nicht, daß es eine Degradierung der Frau ist, wenn sie Mutter wird, sondern ich glaube im Gegenteil, daß es ihre höchste Erhebung ist. Es gibt keinen größeren Adel für die Frau, als Mutter der Söhne und der Töchter eines Volkes zu sein."[11]

Mit diesem Zitat verstärkt Hitler nochmals das Bild, welches auch schon die NSDAP von Frauen zeichnete; die Hauptaufgabe der Frau war es Kinder zu gebären und somit das Volk zu vergrößern. Sie nahmen dadurch eine wichtige ideologische Position ein, aber sie wurden nie mit Männern gleichgesetzt.

Hitler wollte die Entmündigung der Frau und bezog sich dabei auf das schon bestehende Bild der Bibel: die Frau ist dem Mann unterworfen. Die Politik war ausschließlich für Männer gedacht, „deshalb gäbe es ja auch keine Frauen in der Weltgeschichte".[12] Damit begründetet Hitler außerdem die „Unwichtigkeit" der Frau.

„Es gibt zwei Welten im Leben eines Volkes: Die Welt der Frau und die Welt des Mannes. Die Natur hat es richtig eingeteilt, dass sie den Mann noch vor die Familie stellt und ihm noch eine weitere Verpflichtung aufbürdet, den Schutz des Volkes, der Gesamtheit. Die Welt der Frau ist, wenn sie glücklich ist, die Familie, ihr Mann, ihre Kinder, ihr Heim. Von hier aus öffnet sich dann ihr Bild für das große Gesamte. Beide Welten zusammen ergeben eine Gemeinsamkeit, in der ein Volk zu leben und zu bestehen vermag. Wir wollen diese gemeinsame Welt der Geschlechter aufbauen, bei der jedes die Arbeit erkennt, die es nur allein tun kann und daher auch nur allein tun darf und muß."[13]

Die Lebenswelt der Frau wurde hier strikt verschlossen dargestellt. So als lebte sie hinter den geschlossenen Vorhängen. Das Leben der Frau beschränkte sich auf die Erziehung der Kinder, auf die Umsorgung des Mannes und die häuslichen Aufgaben.

---

[11] Adolf Hitler; 1935

[12] Carolin Bendel, Die deutsche Frau und ihre Rolle im Nationalsozialismus; 2007

[13] Adolf Hitler; 1936

Die Welt der Männer wurde jedoch nach außen projektiert. Ein Mann schützte die Familie, das Volk, im Krieg. War treu, selbstlos, pflichtbewusst. Er schreckte vor nichts zurück und kein Opfer war ihm zu groß.[14]

3. Die Kleidung der Frau

Nazis instrumentalisierten Kleidung für ihre Ideologie der Volksgemeinschaft. Die Mode sei „ein Feld, das den Frauen gehöre und dass man ihnen lassen solle"[15], sagte Adolf Hitler einmal.

Die NSDAP führte zu Treffen und Veranstaltungen die Uniformspflicht ein. Es gab für die Hitlerjugend und den Bund deutscher Mädel eine Einheitskleidung die sie zu tragen hatten. Für ganz Deutschland konnten sie jedoch nie eine einheitliche Kleidung finden, die den angemessenen Standards entsprach.[16] Man versuchte jedoch vor Allem den Einflüssen aus Paris entgegenzuwirken und Kleidung aus deutschem Design und deutschen Materialien herzustellen. Zudem wollten sie die jüdischen Courtiers aus der Modebranche zurückdrängen und ausschließen.[17]

Eine deutsche Frau sollte nicht nur auf ihre Kleidung achten, es waren auch äußerliche Merkmale wichtig. Zum Beispiel sollte sie blaue Augen und blondes Haar haben. Dazu sollte sie noch dem nordischen Stil folgen, dass hieß die Haare geflochten und ungeschminkt bleiben. [18]

Das NS-Regime richtete sich gegen die Mode die den Ausdruck von liberalen und demokratischen Zuständen vermittelte und bezeichnete sie als „niedrigste Sittlichkeit" oder „schamlose Erotik". Die Kleidung sollte „preiswert, praktisch, natürlich, schlicht und sauber sein und trotzdem die Aufmerksamkeit auf den wohlgeformten Körper der

---

[14] Jill Graw; Die Rolle der Frau im Nationalsozialismus – Vom Mutterkreuz bis Kriegseinsatz; 2023

[15] Adolf Hitler, 1930er

[16] Patrick Guyton; Der Nazis neue Kleider; 2017

[17] Christiane Bernd; Frauenbild und Frauenkleidung im Nationalsozialismus; 2002

[18] Christiane Bernd; Frauenbild und Frauenkleidung im Nationalsozialismus; 2002

Frau lenken". Das Dirndl diente hierbei zum Ausdruck „völkischen Bewusstseins der Gemeinschaft" und sollte das Nationalbewusstsein betonen. [19]

Das Dirndl wurde jedoch vor Allem Bäuerinnen empfohlen, denn dies zeigte, dass man dem Bauernstand angehörte. Es brachte ein gewisses Gemeinschaftsgefühl und dient somit auch als Erkennungsmerkmal untereinander.

In den Jahren von 1930 – 1938 wurde die Kleidung der Frau von weichen und fließenden Stoffen geprägt, welche die feminine Figur hervorheben sollten. Der Busen und die Taille sollten besonders betont werden. Ab 1935 war eine schmale Linie vorgeschrieben. Diese spiegelte sich in der Tageskleidung mit schmalen geraden Formen wider und in der Abendbekleidung mit enganliegenden, oft ärmellosen Kleidungen wider. [20]

Abb. 3: Kleidung der Frau in den 1940ern. [21]

1939 erhielt das „Gesellschaftskleid" den Einzug in die Kleiderschränke deutscher Frauen. Typisch für dieses Kleid waren dunkle Farbe, hochgeschlossen mit Kragen und ein glockenförmiger Rock. Gegenüber stand das „Prinzesskleid". Es konnte zwei

---

[19] Christiane Bernd; Frauenbild und Frauenkleidung im Nationalsozialismus; 2002

[20] Ebenda

[21] Kleidung der Frau in den 1940ern; Online unter: https://i.pinimg.com/originals/9d/f4/b2/9df4b24dbcd5572ec1cf1decbbc4314e.jpg

Formen annehmen; hochgeschlossen, wadenlang, weißer Kragen und Manschetten oder mit kleiner Nixenschleppe und verführerischem Dekolleté.[22]

Bei der Arbeit sollten hauptsächlich Röcke getragen werden, jedoch trugen einige Frauen auch Hosen. Der Rock wurde mit strengen Blusen und Jacketts kombiniert, oftmals auch mit einem Halstuch. Die Farben waren hauptsächlich trist und man trug selten etwas Farbiges.[23]

Im Verlaufe des Krieges wurde die Versorgung mit Stoffen für Kleidung immer schlechter. Einige Leute trugen während des gesamten Krieges die gleiche Kleidung und die gleichen Schuhe. Man sagte den Frauen, dass sie aus eins auch zwei machen sollten. Dies bedeutete, dass sie aus alten Kleidern und Stoffresten etwas Neues nähen sollten.

Als dann zusätzlich noch die Kleiderkarte gesperrt wurde mussten sich die Leute die Kleider zusammensuchen und aus alten Kleidungsstücken Neue machen, während, vor allem die Frauen der Parteifunktionäre, aber auch generell Parteifunktionäre bis zum letzten Tag mit edler Kleidung und edlen Stoffen bekleidet waren.[24]

4. Die Rolle der Frau in der Beziehung

In der Beziehung hat das NS-Regime es ursprünglich vorgesehen, dass die Frau zu Hause bleibt, sich um den Haushalt kümmert und Kinder zur Welt bringt. Ziel war die Vergrößerung der „arischen Rasse". Es wurden sogar steuerliche Erleichterungen und das „Mutterkreuz" erschaffen um die Geburtenrate möglichst hoch zu befördern.[25]

Das Mutterkreuz wurde Müttern überreicht, die vier oder mehr Kinder hatten. Jedoch nur wenn sie selbst einen „Ariernachweis" hatten und „erbgesunde" Kinder zu Welt

---

[22] Christiane Bernd; Frauenbild und Frauenkleidung im Nationalsozialismus; 2002

[23] Lena Schulte-Michels; Das faschistische Frauen- bzw. Mutterbild; 2001

[24] Christiane Bernd; Frauenbild und Frauenkleidung im Nationalsozialismus; 2002

[25] Michaela Kipp; Die NS-Frauenpolitik; 2000

gebracht hatten. Jedoch konnte die Auszeichnung im Nachhinein auch wieder wegge-
nommen werden, wenn bei den Kindern „Mängel" festgestellt wurden. Trotz all diesen
Kriterien bekamen ungefähr fünf Millionen Frauen das Mutterkreuz überreicht.[26]

Abb. 4: Mutterkreuz in Gold[27]

Damit die Nachkommen als „Keimzelle der Nation" dienten, wurde von Frauenorgani-
sationen „Mütterschulungen" angeboten. Diese Schulungen sollten den Frauen die
Grundlagen in Bereichen wie Haushalts- und Gesundheitsführung, Erziehung sowie
Volks- und Brauchtumslehre näherbringen.[28]

5. Die Arbeit für Hitler

Ursprünglich war angedacht durch die Heirat Frauen aus der Berufstätigkeit zu ver-
drängen. Allerdings passierte genau das Gegenteil; zwischen 1933 und 1938 stieg die
Zahl der berufstätigen Frauen von ungefähr 11,2 Millionen auf 14,8 Millionen. Jedoch

---

[26] Frauen im Nationalsozialismus; Study Smarter

[27] Mutterkreuz in Gold; Online Unter https://www.gettysburgmuseumofhistory.com/wp-content/uplo-ads/2020/12/AC55244B-9BD8-430B-9E88-AF2A64BC60DB-scaled.jpeg

[28] Frauen im Nationalsozialismus; Study Smarter

durften sie keine führenden Positionen einnehmen und Hitler achtete besonders darauf, dass sie auch keinen Juristinnen oder Richterinnen wurden. [29]

Während des Krieges wurde es schnell deutlich, dass die Arbeitskraft, von Männern die an der Front kämpften, fehlte. Man fing an Frauen für die Arbeit anzuwerben, doch dies führte nicht zum erhofften Erfolg. Somit fingen sie an Frauen zu verpflichten arbeiten zu gehen. Eine weibliche Dienstpflicht wie es in England der Fall war, gab es jedoch nicht.

Die harten Linien zwischen „Männer- und Frauenarbeit" begannen aufzuweichen und es wurde Frauen ermöglicht auch als Bahnschaffnerinnen oder Stromableserinnen zu arbeiten[30]

Abb. 5: Frau als Straßenbahnschaffnerin, 1941/1942[31]

[29] Hitlers Reich privat: Frauen unterm Hakenkreuz; ZDF; 2020

[30] Jill Graw; Die Rolle der Frau im Nationalsozialismus – Vom Mutterkreuz bis Kriegseinsatz; 2023

[31] Frau als Straßenbahnschaffnerin; Online unter https://www.dhm.de/fileadmin/medien/lemo/images/ba008356_1.jpg

1940 startete der „freiwillige Ehrendienst der Frauen in der Kriegswirtschaft", dieser war ein anderer Ausdruck für die Arbeit in der Rüstungsindustrie. Jedoch arbeiteten dort nicht Frauen aus dem Bürgertum, sondern die, die als „asozial" galten.

Frauen die in der Rüstungsindustrie arbeiteten bekamen für die gleiche Arbeit allerdings deutlich weniger Gehalt als Männer. Durchschnittlich bekamen diese 80,2 Reichspfennig, Frauen im Gegensatz dazu nur 52,3 Reichspfennig.[32] Nach einiger Zeit hatten sie jedoch so eine starke Marktposition inne, dass sie Forderungen stellen konnten, welche auch umgesetzt wurden. Sie erhielten fast die gleichen Löhne wie Männer, konnten allgemein in Gehalts- und Lohngruppen aufsteigen und bekamen sechs Wochen bezahlten Mutterschaftsurlaub.[33]

1942 wurden jedoch alle Frauen zur Arbeit in der Rüstungsindustrie verpflichtet. Viele konnten sich jedoch durch Mutterschaft oder Kontakte befreien. Sie konnten jedoch auch als Telefonistinnen, Funkerinnen, Fernschreiberinnen oder Krankenschwestern arbeiten.[34]

Als der Krieg fortfuhr wurden schlussendlich auch Frauen mit Kindern gezwungen arbeiten zu gehen. Jedoch hatten sie die Möglichkeit in Nachtschichten zu arbeiten und tagsüber für ihre Kinder da zu sein und den Haushalt zu erledigen.[35]

6. Frauenlager

Das KZ Ravensbrück ist das einzige KZ welches ausschließlich für Frauen bestimmt war. Die Wachen waren ebenfalls ausschließlich Frauen, jedoch waren die Lagerleiter Männer. Anfangs wollte man nicht die gleiche Gewalt an Frauen anwenden wie an Männern, jedoch änderte sich dies rapide als immer mehr Frauen in das Lager kamen

---

[32] Carolin Bendel; Die deutsche Frau und ihre Rolle m Nationalsozialismus; 2007

[33] Jill Graw; Die Rolle der Frau im Nationalsozialismus – Vom Mutterkreuz bis Kriegseinsatz; 2023

[34] Carolin Bendel; Die deutsche Frau und ihre Rolle m Nationalsozialismus; 2007

[35] Ebenda

und man um Kontrollverlust fürchtete. Letztendlich nahmen die körperlichen Bestrafungen deutlich zu und es wurde entschieden in Ravensbrück ebenfalls eine Gaskammer zu errichten.[36]

Im KZ Ravensbrück waren Frauen deportiert welche die Klassifizierungen: „Politische", Jüdinnen, Sinti und Roma, Zeugen Jehovas und „Asoziale".[37]

An schwangeren Frauen wurden Abtreibungen und Sterilisationen vorgenommen. Zudem dienten sie als Versuchsmittel für verschiedene medizinische Eingriffe.[38] Die meisten Schwangeren wurden jedoch in Gaskammern ermordet. Zusammen mit den Alten, Kranken und den Kindern.[39]

Die Häftlinge wurden hauptsächlich zum Lagerausbau, im Gartenbau in der Textil- und Lederindustrie und bei Siemens & Halske eingesetzt. Es entstanden mehr als 70 Außenlager der KZ Ravensbrück in denen die Frauen ebenfalls für die Kriegsproduktion verendet wurden.[40]

Die US-amerikanische Armee befreite das Lager am 15. April 1945 befreit, nur zwei Tage davor wurde das Lager von der NS geräumt. Ungefähr 60 Frauen wurden als „Sterbende" zurückgelassen, jedoch überlebten viele davon. Dank der Hilfe das Journalisten D. Shermann.[41]

---

[36] Sahra Judith Hofmann; Wie Hitler Frauen quälen ließ: Einblicke in das Frauen-KZ Ravensbrück; 2016

[37] Ravensbrück- Überlebende erzählen; Bundeszentrale für Politische Bildung; 2005

[38] Sahra Judith Hofmann; Wie Hitler Frauen quälen ließ: Einblicke in das Frauen-KZ Ravensbrück; 2016

[39] Rosa D.; Zusammengepfercht, wie die Heringe in der Büchse; 2005

[40] Jenny Oertle; Das KZ Ravensbrück; 2014

[41] Ebenda

7. Quellenverzeichnis

Jill Graw (2023): Die Rolle der Frau im Nationalsozialismus – Vom Mutterkreuz bis Kriegseinsatz. Online unter: https://www.geschichte-lernen.net/rolle-der-frau-im-nationalsozialismus/ , 24.04.2023

Carolin Bendel (2007): Die deutsche Frau und ihre Rolle im Nationalsozialismus, Online unter https://www.zukunft-braucht-erinnerung.de/die-deutsche-frau-und-ihre-rolle-im-nationalsozialismus/ , 24.04.2023

Christiane Bernd (2002): Frauenbild und Frauenkleidung im Nationalsozialismus, Online unter https://www.grin.com/document/106874 , 24.04.2023

Michaela Kipp (2000): Die NS-Frauenpolitik, Online unter https://www.dhm.de/lemo/kapitel/ns-regime/innenpolitik/frauenpolitik.html , 24.04.2023

Nadine Gerber (2020): Eva Braun war mehr als nur Hitlers Geliebte, Online unter https://www.srf.ch/news/panorama/frauen-des-nationalsozialismus-eva-braun-war-mehr-als-nur-hitlers-geliebte , 26.04.20223

Patrick Guyton (2017): Der Nazis neue Kleider, Online unter https://taz.de/Kulturgeschichte-der-Mode/!5409095/ , 01.05.2023

Lena Schulte-Michels (2001): Das faschistische Frauen- bzw. Mutterbild, Online unter https://www.martinschlu.de/kulturgeschichte/zwanzigstes/nszeit/frauen/04mode.htm , 26.04.2023

StudySmarter (Hrsg.): Frauen in der Zeit des Nationalsozialismus, Online unter https://www.studysmarter.de/schule/geschichte/nationalsozialismus/frauen-im-nationalsozialismus/ , 24.04.2023

Sarah Judith Hofmann (2016): Wie Hitler Frauen quälen ließ: Einblicke in das Frauen-KZ Ravensbrück, Online unter https://www.dw.com/de/wie-hitler-frauen-qu%C3%A4len-lie%C3%9F-einblicke-in-das-frauen-kz-ravensbr%C3%BCck/a-19001309 , 28.04.2023

Rosa D. (2004): Zusammengepfercht, wie die Heringe in der Büchse, Online unter https://www.bpb.de/themen/holocaust/ravensbrueck/60630/zusammengepfercht-wie-die-heringe-in-der-buechse/ , 01.05.2023

Jenny Oertle (2014): Das KZ-Ravensbrück, Online unter https://www.dhm.de/lemo/kapitel/der-zweite-weltkrieg/voelkermord/kz-ravensbrueck.html , 01.05.2023

BEI GRIN MACHT SICH IHR WISSEN BEZAHLT

- Wir veröffentlichen Ihre Hausarbeit, Bachelor- und Masterarbeit

- Ihr eigenes eBook und Buch - weltweit in allen wichtigen Shops

- Verdienen Sie an jedem Verkauf

Jetzt bei www.GRIN.com hochladen und kostenlos publizieren